Filosofia para crianças

De criança para crianças

Era uma vez!

A fé do garotinho!

História para colorir!

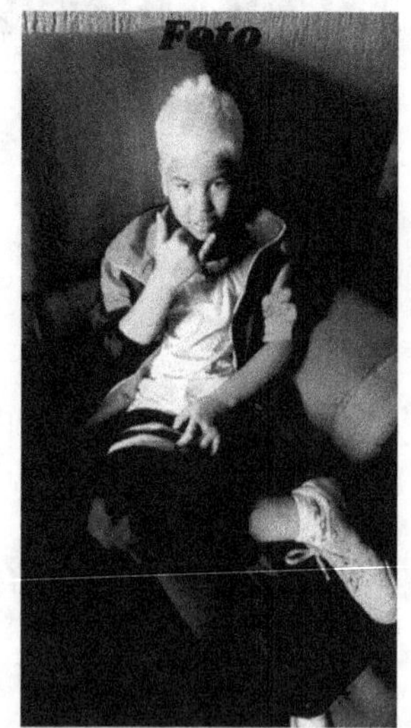

Por: Bernardo Octaviano Pereira

Este livro pertence a:

____

Eu dedico essa obra, primeiramente para os meus pais que eu tanto amo, para minhas professoras, para minhas tias de coração e para todos os meus amigos, Deus que abençoe a todos infinitamente!

Bernardo Octaviano Pereira

17/02/2024

Era uma vez, em uma cidadezinha do interior, onde o sol implacável castigava a terra já ressequida há muito tempo. Uma seca avassaladora assolava a região,

deixando para traz plantações mirradas, rios que se tornaram leitos de poeira e animais padecendo pela falta d'agua.

A população exausta, pensava seriamente em abandonar o lugar que um dia chamaram de lar.

Foi quando um homem importante teve uma ideia. Ele ouvira falar de uma benzedeira na cidade vizinha, capaz de realizar verdadeiros milagres, até mesmo fazer chover.

Decidiram então, traze-
la para a cidade na esperança de reverter a situação.

O homem importante, munido de esperança, reuniu o povo e enunciou a vinda da benzedeira. Todos contribuíram financeiramente para trazer aquela que prometia devolver a vida a terra tão sedenta.

Chegou o dia em que a benzedeira, com sua áurea mística, se apresentou no centro da cidade, a benzedeira com gestos cerimoniosos, proferiu suas orações, clamando pela misericórdia divina.

A notícia se espalhou, e todos foram convidados a se reunir na praça central para testemunhar a benzedeira em ação. As mulheres com seus chapéus grandes e vestidos esvoaçantes, o juiz

imponente em sua toga, o general com seu uniforme reluzente e até o rico banqueiro com seu palito caríssimo marcaram presença, todos da cidadezinha compareceram para ver a benzedeira fazer chover, a expectativa era grande.

Enquanto ela entoava suas palavras, nuvens escuras começavam a se formar no céu, e gotas de chuva, tímidas a princípio, começaram a cair, a chuva que se seguiu não foi apenas um alívio para a terra, mais também em renascimento de esperança para a cidade inteira

Contudo, entre a multidão, apenas um garotinho apareceu levando consigo um guarda-chuva. Enquanto todos observavam céticos, o garotinho, com um brilho de fé nos olhos, acreditava que aquela benzedeira poderia trazer a tão esperada chuva.

Só esse garotinho teve fé que iria chover.

O garotinho com seu guarda-chuva aberto, sorria, pois, sua fé havia sido recompensada. A cidade, agora abençoada pela chuva, viu renascer a esperança e a alegria entre os moradores.

A moral da história é que, mesmo nas situações mais difíceis, a fé pode ser a chama que ilumina o caminho da solução. Às vezes, a crença de uma criança é o suficiente para fazer acontecer verdadeiros milagres.

Fim